Vorwort

Als wir vor einem Jahr die Anfrage erhielten, zum Reformationsjubiläum eine Jodelliturgie zu schreiben, war dies Ehre und Freude zugleich, zumal uns volkstümliche Musik im sakralen Raum schon lange ein grosses Anliegen ist. Sind Naturjodel und wortlose Jodelteile nicht schon von sich aus wie ein Gebet?

Die wohlgeformten, schlichten und sinnreichen Texte von Stephan Haldemann waren für Peter Künzi grosse Inspiration und erleichterten ihm den musikalischen Einstieg ungemein. Der gegenseitige Austausch war für uns beide bereichernd.

Zu den einzelnen Liedern:

1. Zum Yzug
Der ruhige Einstiegsjodel symbolisiert das langsame Ankommen in der Kirche, im Gottesdienst. Er wird gefolgt von einem frischen 4/4-Takt: Wir machen uns auf den gemeinsamen Weg.

2. Töif i ds Härz – Kyrie
Unsere Verletzlichkeit, die Schwere unserer «Burdi» drückt sich im getragenen Baritonsolo aus, unterstützt von summenden Chorstimmen und einem Überjutz, der bereits das Hoffnungsvolle ankündet.

3. E Morgepsalm – Gloria
Fein wiegend erwacht der Morgen; das Lied moduliert kurz in die parallele Molltonart, bevor sich die Sonne und das Wunder der Schöpfung dann in einem strahlenden Jodel, welcher durch das «Gloria» im Chor bestärkt wird, zeigen.

4. Zur Ehr vom Höchschte – Halleluja
Frischer 6/8-Takt; die «Halleluja»-Einschübe im Text und Jodel sollen die Unbeschwertheit, Leichtigkeit, Freude und Dankbarkeit unterstreichen.

5. Ds gröschte Gschänk – Credo
Das Fragende, Suchende zeigt sich durch die Solostellen zu Beginn von Strophe und Jodel. Der Überjutz dann am Ende der Strophe manifestiert das Vertrauen in die Liebe und die Kraft Gottes.

6. Heilig – Sanctus
Das Feierliche möge durch den choralartigen Satz und durch die echoartigen Jodeleinsätze zum Ausdruck kommen.

7. Treit wärde – Agnus Dei
Geborgenheit im weich fliessenden 6/8-Takt. Nacheinander einsetzende Stimmen im Jodel gleichen uns einzelnen Menschen, die sich im Gesamtklang am Schluss umarmt fühlen.

8. Zum Uszug
Der Walzertakt mit einem Schuss «Mazurka» und einem ländlerartigen Überjutz soll uns fröhlich und beglückt zurück in den Alltag begleiten.

Zur Aufführungspraxis:
Die Lieder sind für gemischte Jodlergruppen wie auch für reine Männerchöre realisierbar; der Einfachheit halber sind sie im Gemischtchorsatz notiert. Die Tonarten dürfen den Möglichkeiten und Stärken des Chors angepasst werden. Ob mit Begleitung einer Ländlerkapelle, einer Orgel, einer Blasmusik … oder a capella: Vieles ist möglich.

Mögen die Lieder die Herzen berühren!

Zum Schluss danken wir allen, die uns unterstützt und Raum zum Schreiben und Komponieren gegeben haben. Besonderer Dank gilt der Reformierten Landeskirche des Kantons Aargau für den Auftrag!

Stephan Haldemann, Peter Künzi

1. Zum Yzug

Musik: Peter Künzi
Text: Stephan Haldemann / Peter Künzi

1.
2.
15
al - lem, syg es Fröid, syg's Plag.
2. Tue sin - ge, lo- be, dan- ke mir.
mit al lem,
drum sin ge,

2. Töif i ds Härz – Kyrie

Musik: Peter Künzi
Text: Stephan Haldemann

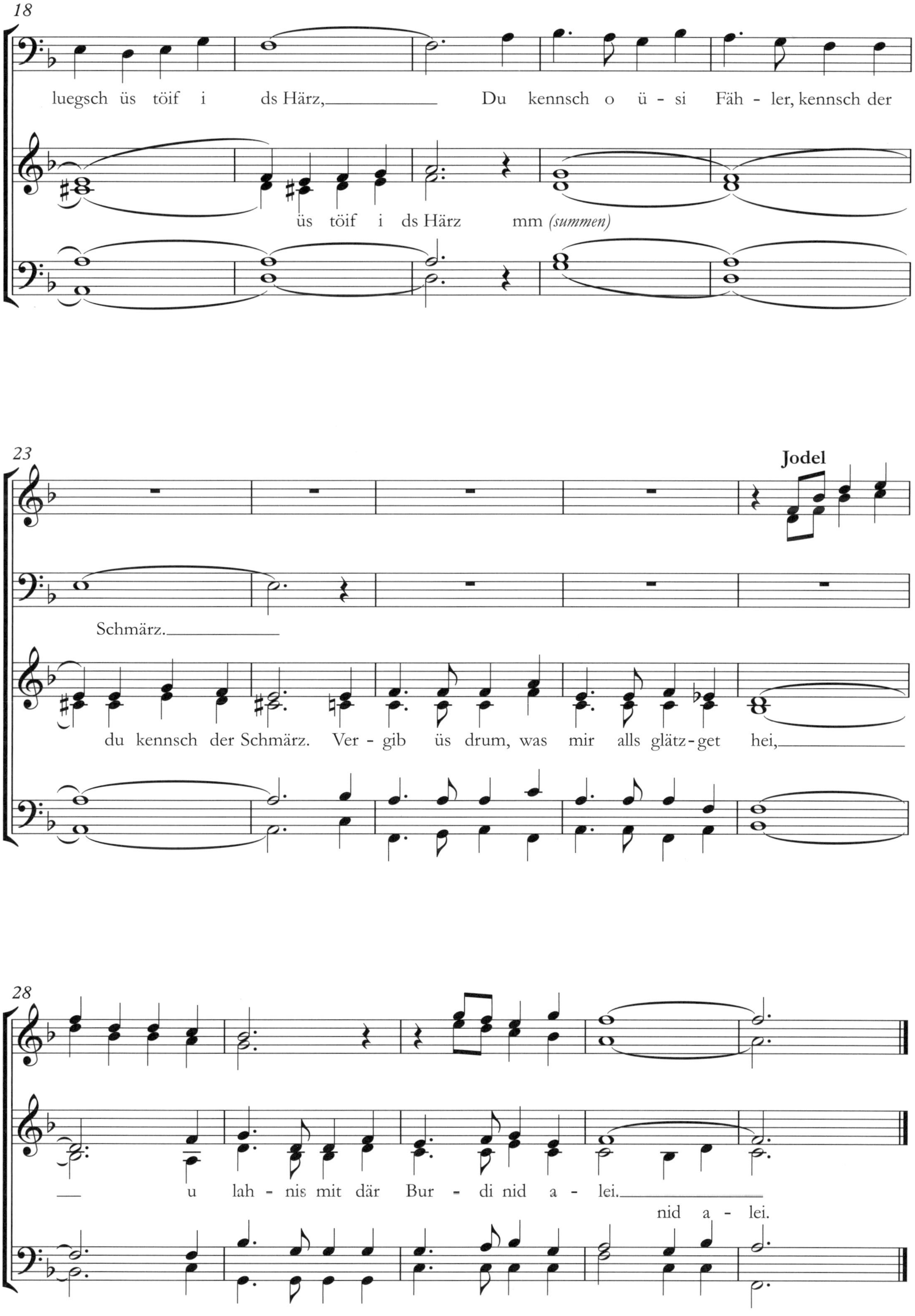
18
luegsch üs töif i ds Härz,
Du kennsch o ü - si Fäh - ler, kennsch der
üs töif i ds Härz mm *(summen)*
23
Jodel
Schmärz.
du kennsch der Schmärz. Ver - gib üs drum, was mir alls glätz - get hei,
28
u lah - nis mit där Bur - di nid a - lei.
nid a - lei.

3. E Morgepsalm – Gloria

Musik: Peter Künzi
Text: Stephan Haldemann

14
a. Mir lo - be di zur Mor - ge - stund!
a.

4. Zur Ehr vom Höchschte – Halleluja

Musik: Peter Künzi
Text: Stephan Haldemann

13
jo lo Hal - le - lu - ja. Mir jut - ze, sin - ge: Hal - le - lu - ja.

5. Ds gröschte Gschänk – Credo

Musik: Peter Künzi
Text: Stephan Haldemann

13
Jodel
ruhig
evtl. eine Oktave höher von Tenören singen lassen
17
frischer

6. Heilig – Sanctus

Musik: Peter Künzi
Text: Stephan Haldemann

13
bisch Du doch a je - dem Ort und söllsch hei - lig bly - be!
Di - ni Lie - bi sue - che mir, Gott, für ü - ses Wär - de.

7. Treit wärde – Agnus Dei

Musik: Peter Künzi
Text: Stephan Haldemann

(Jodel)
11
15

8. Zum Uszug

Musik und Text: Peter Künzi

18
schänk üs Di Frie- de, wei Sorg zue-n-ihm ha, mit Dym gros - se Sä - ge wei mir ji - tze
25
Überjutz
gah. Es Härz vol - ler Lie - bi, voll Fröid u Ver-
Jodelbegleitung auch auf la möglich
29
trou - e, das tra - ge mir al - li ganz fescht mit üs hei!

Aargauer Jubiläumsliturgie

Sabine Brändlin, Gottfried Wilhelm Locher, Dieter Wagner

Reformierter Abendmahlsgottesdienst

Liturgieheft zur Aargauer Jubiläumsliturgie

Liturgische Texte und Erläuterungen zur Liturgie

2016, 40 Seiten, geheftet, ISBN 978-3-290-17877-2
CHF 20.00 - EUR 18.00 - EUA 18.50

Sabine Brändlin, Pfrn., Jahrgang 1973, ist Bereichsleiterin Seelsorge und kantonale Dienste und Mitarbeiterin der Fachstelle Frauen, Männer, Gender der Reformierten Landeskirche Aargau.

Gottfried Wilhelm Locher, Dr. theol. Dr. h. c., Jahrgang 1966, ist Präsident des Rates des SEK.

Dieter Wagner, Jahrgang 1972, ist Kantor, Dirigent und Sänger, arbeitet als Projektleiter Musik in der Kirche in der Reformierten Landeskirche Aargau und ist Leiter der Kirchenmusikschule Aargau.

Thomas Leininger

Reformierter Abendmahlsgottesdienst

Partitur zum Chor-Gottesdienst

Für 4- bis 7-stimmigen gemischten Chor, Gemeinde, 4 Instrumente ad lib. und Orgel mit Pedal

2016, 36 Seiten, geheftet, ISBN 978-3-290-17878-9
CHF 10.00 - EUR 9.00 - EUA 9.30

Thomas Leininger, Jahrgang 1981, ist Organist an der Margarethenkirche in Binningen sowie Dozent für Aufführungspraxis und Generalbass an der Schola Cantorum Basiliensis.

Andreas Hausammann

Reformierter Abendmahlsgottesdienst

Partitur zum Pop-Gottesdienst

Für 3- bis 4-stimmigen gemischten Chor, Gemeinde, Solo ad lib. und Klavier

2016, 40 Seiten, geheftet, ISBN 978-3-290-17879-6
CHF 10.00 - EUR 9.00 - EUA 9.30

Andreas Hausammann, Jahrgang 1970, ist freischaffender Pianist, Arrangeur, Komponist und Beauftragter für populäre Musik der Evangelisch-reformierten Kirche des Kantons St.Gallen.

Stephan Haldemann, Peter Künzi

Reformierter Abendmahlsgottesdienst

Partitur zum Jodel-Gottesdienst

Für Jodelchor mit 4 bis 7 Stimmen

2016, 20 Seiten, geheftet, ISBN 978-3-290-17880-2
CHF 10.00 - EUR 9.00 - EUA 9.30

Stephan Haldemann, Jahrgang 1967, ist Pfarrer in Signau BE und seit seiner Kindheit ein leidenschaftlicher Jodler.

Peter Künzi, Jahrgang 1963, ist Lehrer und Schulmusiker, Chor- und Kursleiter, Juror im eidgenössischen Jodlerverband und Komponist.

Andrew Bond

De Himmel chunnt uf d Erde

Ein Weihnachtsspiel

CD inbegriffen

Der kleine Engel Zetnael verpasst den Abflug des Engelchors nach Bethlehem, schafft es aber doch noch, zusammen mit dem alten, halbblinden Esel von Josef, dem Stallknecht der drei Weisen und dem lahmen Hirtenmädchen Zippora rechtzeitig im Stall beim Jesuskind einzutreffen.

2016, 36 Seiten, geheftet, mit CD, ISBN 978-3-290-17881-9
CHF 30.00 - EUR 30.00 - EUA 30.90

Andrew Bond, Jahrgang 1965, ist Kinderlieder- und Musicalmacher, Verleger und Produzent. Er studierte Theologie, war jahrelang in der Jugendarbeit tätig und während 17 Jahren Oberstufenfachlehrer für Religion und Musik.